LA

MISSION DES DOMINICAINS

A MOSSOUL

PAR

LE T. R. P. DUVAL

DES FRÈRES-PRÊCHEURS

Pro-préfet apostolique.

PARIS

BUREAUX DE L'*ANNÉE DOMINICAINE*

94, RUE DU BAC, 94

1889

Le R. P. HYACINTHE BESSON
des Frères Prêcheurs
† le 4 Mai 1861.

LA

MISSION DES DOMINICAINS

A MOSSOUL

PAR

LE T. R. P. DUVAL
DES FRÈRES-PRÊCHEURS
Pro-préfet apostolique.

PARIS
BUREAUX DE L'*ANNÉE DOMINICAINE*
94, RUE DU BAC, 94

1889

LA MISSION DE MOSSOUL

La Mission Dominicaine, dont Mossoul est le centre principal, fut fondée en 1750, sous le pontificat de Benoît XIV.

Confiée dès le début aux soins des Pères Dominicains italiens, elle resta entre leurs mains pendant plus de cent ans. Ce sont eux qui ont défriché les premiers cette partie de la vigne du Seigneur, dévastée par les hérésies et le schisme. Lorsque les premiers missionnaires de l'Ordre arrivèrent à Mossoul, le nom de catholiques y était absolument inconnu. Les débuts furent pénibles et difficiles; les tribulations ne manquèrent pas à ces nouveaux apôtres. En 1761, l'un des premiers arrivés, le P. François Turiani, succombait aux fatigues et à la maladie, sans avoir vu se lever sur ces populations le soleil de la foi catholique. Il n'entre pas dans mon dessein d'énumérer ici les noms de ceux qui, nous en avons la confiance, sont inscrits au livre de vie pour avoir combattu les combats du Seigneur sur cette ancienne terre de la Mésopotamie ; je citerai cependant celui du R^me^ Mgr Marciai, mort en 1851, délégué apostolique à Diarbékir ; celui du T. R. P. Marchi, qui, après avoir administré la Province comme préfet pendant quatorze ans, retourna en Europe et mourut à Lucques, sa patrie ; et enfin celui de S. Em. le cardinal Bausa, qui, après la mort de Mgr Marciai, qu'il avait accompagné en Orient, vint rejoindre ses frères en saint Dominique et collabora avec eux pendant quelques années aux travaux de la Mission. Le souvenir de ces Missionnaires et de plusieurs autres est encore vivant dans l'esprit des populations qui les ont connus.

En 1856, quelques religieux français arrivèrent à Mossoul. Mais ce fut seulement en 1859 que, par un décret spécial de la Congrégation de la Propagande, la Mission fut confiée définitivement à la Province de France dont le Provincial, par le fait même de ses fonctions, porte le titre de Préfet apostolique.

Le P. Besson peut être considéré comme le fondateur de la Mission française. C'est lui qui, le premier, remplit la charge de Pro-préfet, après la promulgation du décret dont nous venons de parler. Il fut enlevé prématurément à la direction de cette Mission, à laquelle il s'était donné avec toute la générosité dont son âme ardente était capable, et ses restes reposent aujourd'hui dans notre cimetière de Mar-Yacoub.

Actuellement, la Mission compte 18 religieux Dominicains et 12 Sœurs de la Présentation, répartis comme il suit dans les différentes résidences de la Mission :

A Mossoul, 10 religieux Dominicains :

Le T. R. P. Duval, Pro-préfet de la Mission.
Le T. R. P. Dumini, vicaire de la maison et directeur de l'imprimerie.
Le R. P. Lhuillier, directeur du collège.
Le R. P. Delamette, directeur du séminaire.
Le R. P. Berré, professeur au séminaire.
Le R. P. Bonte, procureur de la maison.
Le R. P. Bigué, professeur au séminaire.

Les Pères Dominicains de la Mission de Mossoul.

Le R. P. Lecrosnier, professeur au séminaire.
Le R. P. Scheil, professeur au collège.
Le R. P. Chariau, professeur au séminaire.
Le Fr. Raymond Mizon, sacristain.

Les 12 Sœurs de la Présentation résident toutes à Mossoul.

A Mar-Yacoub, le R. P. Bonvoisin.
A Amédéah....,
A Djéziré, le R. P. Galland.
A Seert, le T. R. P. Bernard Goormachtigh, vicaire.
— le R. P. Defrance.
A Van, le R. P. Rhétoré, vicaire.
— le R. P. Duplan.

Située au Nord-Est de la Turquie d'Asie, la préfecture apostolique de Mossoul comprend dans son territoire plusieurs vilayets ou provinces de l'empire ottoman. Ce sont les vilayets de Mossoul, Hekkari, Van, Bitlis et une partie du vilayet de Diarbékir. Sept diocèses chaldéens, deux diocèses syriens et un diocèse arménien se trouvent compris dans son étendue. Les sept diocèses chaldéens sont : le diocèse patriarcal de Mossoul, les diocèses de Kerkouk, Acra, Zakho, Amédéah, Seert et Djéziré. Les deux diocèses syriens sont les diocèses de Mossoul et de Djéziré ; le diocèse arménien est celui de Mouch.

Il y a six résidences de Missionnaires dans la Préfecture apostolique de Mossoul. Ce sont : Mossoul et Mar-Yacoub dans le vilayet de Mossoul, Amédéah dans celui de Hekkari, Van dans le vilayet de ce nom, Seert dans celui de Bitlis et Djéziré dans celui de Diarbékir.

I

MOSSOUL

Nous allons donner un aperçu rapide sur chacune de ces maisons et des œuvres qui s'y rattachent.

Mossoul, ville située en Mésopotamie, sur la rive droite du Tigre, en face des ruines de l'ancienne Ninive, sous le 36e degré de latitude et à 106 mètres environ au-dessus du niveau de la mer, compte 57,000 habitants, dont 48,200 musulmans, 3,000 juifs et 6,500 chrétiens, savoir : 2,000 Chaldéens catholiques, 2,000 Syriens catholiques, 2,000 Syriens jacobites, 250 dissidents du schisme chaldéen, 200 protestants méthodistes et 50 de divers autres rites.

En dehors de Mossoul, dans les villages environnants, la communauté chaldéenne compte environ 9,400 âmes, la communauté syrienne 2,150, les jacobites 1,300, le schisme chaldéen 1,200. Les musulmans sont en très grande majorité dans la contrée comme dans la ville. Sur la rive gauche du Tigre, on rencontre un certain nombre de villages dont les habitants professent une religion secrète ayant pour base un culte spécial à l'ange déchu. Ils forment une communauté à part, sous le nom de Yézidis.

Le climat de Mossoul est sain, quoique très chaud. En été, le thermomètre s'élève à l'ombre jusqu'à 45 et 50 degrés centigrades.

La population indigène de Mossoul est de race arabe et parle généralement l'arabe ; cependant, la langue officielle, celle que parlent les employés du gouvernement, celle dont on se sert dans les actes publics, est la langue turque. Dans les villages, les musulmans de la rive gauche et les Yéridis parlent le kurde, sorte de patois persan. Les chrétiens se servent d'un dialecte vulgaire de la langue syro-chaldaïque.

Au point de vue administratif, Mossoul est le siège d'un vali ou gouverneur de province. Elle possède un tribunal de première instance et un tribunal de commerce. Au point de vuo militaire, c'est la résidence d'un général de brigade. Au point de vue religieux, le Révérendissime délégué apostolique, représentant du Saint-Siège, y réside habituellement. Sa Grandeur Mgr Henri Altmayer, de l'Ordre des Frères-Prêcheurs, préconisé en 1884 archevêque de Chalcis, et archevêque latin de Babylone, depuis la mort récente de Mgr Trioche, dont il était le coadjuteur, remplit actuellement ces fonctions. Deux autres prélats ont également leur résidence à Mossoul : Sa Béatitude Mgr Abolianan, patriarche chaldéen de Babylone, et Sa Grandeur Mgr Behmna Cyrille Benni, ancien élève du collège de la Propagande, archevêque syrien de Mossoul, pour les catholiques ; car je dois ajouter que les jacobites y ont aussi un archevêque. Il y a dans la ville même de Mossoul neuf églises catholiques, l'église latine des missionnaires Dominicains, érigée sous le vocable des saints Dominique et Hyacinthe ; cinq églises chaldéennes, dont trois ont été usurpées par les dissidents, et trois églises syriennes. Les jacobites possèdent aussi trois autres églises.

Quant aux œuvres qui relèvent de cette résidence de

Mossoul, les unes sont dirigées par les Pères Dominicains, les autres par les Sœurs de la Présentation.

Au premier rang des œuvres dirigées par les Pères, se place le *Séminaire Syro-Chaldéen.* Ce séminaire, fondé en 1878, approuvé en 1882, a été placé à cette date sous la juridiction immédiate du Saint-Siège. La direction en a été confiée à la Mission Dominicaine, sous l'autorité et la dépendance de la Sacrée Congrégation de la Propagande qui y exerce sa juridiction par l'entremise du Révérendissime délégué apostolique de Mésopotamie. Il a pour but de former et de préparer au sacerdoce des sujets provenant des rites syrien et chaldéen, d'où vient le nom de Syro-Chaldéen qui lui a été donné par la Propagande pour déterminer et limiter le but que le Saint-Siège s'est proposé en l'approuvant.

Le personnel comprend douze directeurs ou professeurs, savoir : six Pères Dominicains pour la direction même de l'établissement et l'enseignement du français et du latin ; trois prêtres indigènes pour l'enseignement de l'arabe et des langues et cérémonies liturgiques propres aux deux rites, enfin trois sous-maîtres ou surveillants indigènes.

Les élèves, au nombre de trente-deux, proviennent de onze diocèses différents : seize appartiennent au rite syrien, seize au rite chaldéen. Le programme des études est, à peu de choses près, celui des séminaires de France ; seulement les élèves suivent à la fois les cours de grammaire, d'humanités et de théologie. Il y a quatre classes. Celle de théologie est composée de huit élèves, qui étudient la théologie dogmatique et morale, en latin ; le cours d'Ecriture sainte et celui d'histoire ecclésiastique se font en français. La classe de rhétorique comprend douze élèves, qui terminent cette année leurs études de littérature et entreront l'année prochaine en philosophie. Ils peuvent expliquer Cicéron, César, Tite-Live et composer en français des narrations et des discours. Les deux autres classes sont consacrées à l'étude des grammaires française et latine. Les élèves traduisent le *De Viris*, *Cornelius* et s'exercent à faire des thèmes et des versions. Le manque de ressources et de locaux suffisants ne nous a pas permis de séparer, jusqu'à ce jour, le petit et le grand séminaire ; nous espérons pouvoir le faire plus tard. Pour chacune de ces classes il y a, plusieurs fois par semaine, des cours de sciences, de littérature arabe et syro-chaldéenne. Les premiers sont dirigés par les Pères de la Mission, les autres par des prêtres du pays.

Grâce à l'avancement des élèves dans les classes supérieures, le séminaire se transforme peu à peu en grand séminaire. Cette année même, vingt élèves suivent les cours de philosophie ou de théologie. Huit d'entre eux ont déjà reçu les Ordres Mineurs.

La disette de prêtres et l'impossibilité où se trouvent les évêques de cette contrée d'ouvrir des séminaires particuliers dans leurs diocèses respectifs ont fait de notre établissement une œuvre de première importance. Il y a tel diocèse, en effet, dans les montagnes du Kurdistan, où la plupart des villages sont dépourvus de prêtres ; c'est à peine si deux ou trois fois dans l'année, ces pauvres populations ont le bonheur de recevoir la visite d'un ministre du Seigneur pour leur administrer les sacrements. Aussi, tous les prélats chaldéens et syriens demandent-ils avec instance de placer au séminaire des sujets de leurs diocèses. Mais l'exiguité des locaux et l'insuffisance des ressources ne nous permettent pas de répondre à ces demandes dans la mesure qui serait désirable.

En dehors du séminaire, nous avons un collège externe, placé sous le patronage de saint Dominique. Ce collège compte cent vingt-sept élèves, parmi lesquels quinze sont musulmans. On y admet des sujets de toutes les religions, mais les cours sont divisés de manière à sauvegarder le bon ordre de la maison.

Le Séminaire syro-chaldéen de Mossoul.

Le personnel se compose de deux Pères Dominicains, dont l'un est directeur et l'autre spécialement chargé de l'enseignement de la langue française. Il comprend, en outre, six professeurs indigènes. Les élèves sont divisés en six classes : tous apprennent le français, l'arabe et le turc. Pour l'enseignement de la langue française, les élèves suivent la grammaire des Frères, cours moyen et supérieur; ils font des thèmes arabe-français, des compositions, des narrations et des exercices de style épistolaire. En arabe, ils expliquent les meilleurs auteurs de cette langue. Ils apprennent, en outre, l'histoire, la géographie et l'arithmétique, en français.

Avec le séminaire et le collège, nous avons encore, à Mossoul, une *Œuvre Dominicale* de garçons. Son but est indiqué par son nom : c'est de réunir, les jours de dimanche et de fête, de jeunes ouvriers auxquels leur position sociale n'a pas permis de recevoir les bienfaits de l'instruction dans l'une des écoles de la ville. Le nombre des élèves inscrits s'élève à soixante-dix. Le nombre de ceux qui assistent aux réunions varie entre trente et cinquante. Outre l'instruction religieuse, qui fait le but principal de cette œuvre, on enseigne à ceux qui la fréquentent la lecture et l'écriture arabes, avec les premières notions d'arithmétique. Les résultats obtenus jusqu'ici ont été très consolants. Plusieurs des membres ont trouvé, dans les réunions du dimanche, une sauvegarde contre les dangers de leur position ; d'autres, qui étaient nés dans l'hérésie, y ont embrassé la foi catholique. Chaque année, le directeur a la consolation de faire faire la première communion à un certain nombre d'enfants qui avaient grandi en dehors de toute instruction religieuse.

Sous l'impulsion de leur directeur, ces jeunes gens, désireux de s'associer aux fêtes du Jubilé sacerdotal de Sa Sainteté Léon XIII et ne pouvant lui offrir des dons matériels dignes de son auguste personne, ont formé entre eux des réunions pour y réciter des Rosaires à l'intention du chef de l'Eglise. Ils en ont ainsi récité plus de trois mille.

A l'Œuvre Dominicale est annexée une école du soir, dirigée par le même Père. Tous les jours, à l'heure où finissent les travaux manuels, un certain nombre d'ouvriers se réunissent dans un local de la Mission pour y recevoir les premiers éléments de l'instruction.

La classe une fois terminée, ils se rendent à l'église de la Mission pour y réciter en commun la prière du soir et une partie du Rosaire. Cet exercice est suivi d'une lecture pieuse faite par l'un d'entre eux.

Outre ces œuvres scolaires de garçons qui fonctionnent dans l'intérieur même de la ville de Mossoul, la Mission entretient, dans les villages, six autres écoles qui comptent à elles seules trois cents élèves. Trois d'entre elles fonctionnent dans le diocèse patriarcal de S. B. Mgr Abolionan, les trois autres dans le diocèse chaldéen de Kerkouk.

En dehors de ces œuvres scolaires qu'ils dirigent, les Pères Dominicains de la mission de Mossoul ont établi une *Imprimerie polyglotte.*

L'imprimerie a été fondée par le défunt Mgr Amanton, en vue de subvenir aux besoins des écoles de la Mission. Lorsque nous arrivâmes dans cette contrée, les écoles étaient absolument dépourvues de livres classiques édités dans les langues du pays. C'était une lacune regrettable ; elle avait frappé l'attention du zélé prélat, et il s'empressa de la combler dans un voyage qu'il fit à Paris en 1860. Nous avons dû créer, pour ainsi dire, une bibliothèque classique à l'usage des écoles. Avec le temps nous avons traduit, imprimé et publié en langue arabe ou syro-chaldéenne, les ouvrages indispensables pour l'enseignement primaire. Livres de lecture, grammaires, histoires, géographies, arithmétiques, catéchismes, etc., se trouvent aujourd'hui entre les mains des élèves ; et ces différentes

L'église des Pères Dominicains à Mossoul.

publications n'ont pas servi seulement à la Mission Dominicaine, les autres Missions s'alimentent également chez nous pour une grande partie de leurs livres classiques.

Cette première partie terminée, nous avons publié un nombre considérable de livres destinés à alimenter la piété des fidèles, à éclairer et à soutenir leur foi contre les erreurs qui la combattent. L'œuvre grandissant de jour en jour, notre atelier a pris un développement qui nous a permis d'entreprendre des ouvrages de plus longue haleine. Grâce à un secours extraordinaire, dû à la générosité de Son Em. le cardinal Bonaparte, nous avons publié, en deux éditions, la Bible arabe. C'était le premier texte catholique complet, qui eût été publié jusqu'alors, en Orient même. Le succès obtenu par cette publication, les sympathies qui l'accueillirent à son apparition, excitant notre courage, nous avons entrepris l'édition de la Bible chaldéenne, connue dans l'Église catholique sous le nom de *la Simple*. Cet ouvrage n'est pas encore terminé, mais l'ancien Testament a paru en entier dans le courant de l'année 1888. En même temps qu'on travaillait à cette dernière publication, la Mission Dominicaine entreprenait un travail d'un genre encore plus nouveau, sinon plus important que le précédent. Je veux parler du *Bréviaire Syrien*, dont les deux premiers volumes ont été publiés dans le courant de l'année 1887. Doter une Église orientale d'une édition de l'office divin abrégée et expurgée, en même temps que commode dans son usage et facile à se procurer; faire disparaître les divergences qui existaient jusqu'ici, dans la récitation du Bréviaire, entre les Églises de différents pays appartenant au même rite, et procurer par là l'uniformité dans la prière liturgique : tel est le but que nous nous sommes proposé Pour arriver à cette fin désirée, nous avons pris l'avis et la direction des évêques de la nation intéressée et, en particulier, de S. B. Mgr Chelhot, Patriarche syrien d'Antioche, dont l'approbation figure en tête de l'ouvrage.

La partie intrinsèque du travail est due à un homme qui, par son érudition et sa connaissance des langues orientales, s'est fait une réputation jusqu'en Occident : je veux parler de Mgr Clément David, originaire de Mossoul, aujourd'hui archevêque syrien de Damas. Pour nous, nous n'avons à revendiquer dans cette publication que la partie typographique. Dans l'impression, nous avons apporté les soins les plus minutieux pour que le côté matériel de l'ouvrage fût en rapport avec sa valeur intrinsèque.

Telles sont les Œuvres principales dirigées par les Pères Dominicains à Mossoul.

Voici maintenant les œuvres qui relèvent des Sœurs de la Présentation.

La Congrégation des Sœurs de la Présentation de Tours a bien voulu s'associer à notre Mission et partager avec nous le fardeau des œuvres qui nous incombent. Nous ne saurions trop apprécier le dévouement et le zèle qu'elles apportent dans la direction des œuvres qui leur sont confiées. Le bien qu'elles ont opéré, les résultats qu'elles ont obtenus rendent un témoignage éclatant à leur mérite. Les premières sont arrivées à Mossoul en 1873. Elles sont aujourd'hui 12, dont les emplois sont ainsi répartis : outre la Supérieure, il y a une Sœur à l'orphelinat, quatre aux écoles de filles, une à l'hospice des malades, une au vestiaire du séminaire, une à la salle d'asile, deux à l'ouvroir et une au vestiaire de la Mission. L'entretien des sœurs et celui des œuvres qu'elles soutiennent sont à la charge de la Mission. Ces œuvres sont :

1° *Un orphelinat.* — Le but de l'orphelinat est de recueillir des jeunes filles pauvres, de les instruire et de les former à la vie chrétienne, pour en faire, soit des maîtresses d'écoles dans leurs propres villages, soit des sous-maîtresses dans les écoles même des sœurs. Les débuts ont été difficiles, mais les résultats n'ont pas tardé à nous dédommager de nos efforts et de nos sacrifices. Quatre sous-maîtresses, ainsi formées, prêtent aujourd'hui aux sœurs des classes un concours précieux. Une autre élève est devenue maîtresse d'école dans son village natal aux environs de Mossoul, et tout le monde rend le témoignage le plus flatteur tant à sa conduite personnelle qu'à la tenue de son école. Ces résultats indiquent assez, par eux-mêmes, ce que l'on peut espérer de cette œuvre pour l'avenir.

Malheureusement nos ressources ne nous permettent pas de lui donner tout le développement désirable. L'orphelinat compte actuellement 10 pensionnaires, leur entretien est absolument gratuit; une sœur est spécialement consacrée à leur formation. Toutes parlent, lisent et écrivent couramment le français.

2° *Une école externe de filles.* — Cette école compte 160 élèves, sur lesquelles 26 sont musulmanes, les autres catholiques. Elles sont divisées en quatre classes, dont trois pour les catholiques et la quatrième pour les musulmanes. Dans chaque classe, il y a une sœur et une sous-maîtresse indigène. Ces quatre sous-maîtresses sont celles dont je vous parlais tout à l'heure. L'enseignement] s'y donne en arabe par les Sœurs elles-mêmes, aidées de leurs sous-maîtresses. Jugez des efforts qn'elles ont dû faire pour réaliser un pareil résultat. Le français est enseigné dans la première classe des catholiques et dans celle des musulmanes.

3° *Un ouvroir.* — Outre les travaux manuels qui sont le but principal de l'ouvroir, on enseigne encore aux jeunes filles qui le fréquentent la lecture, le catéchisme et l'histoire sainte. Beaucoup d'entre elles y trouvent un préservatif assuré contre les dangers de leur âge, car, en leur procurant à l'ouvroir toutes les facilités désirables pour se former aux travaux manuels, on leur ôte le prétexte et l'occasion de recourir à des maîtresses laïques, souvent hérétiques.

Plusieurs font partie de la Congrégation des Enfants de Marie. L'ouvroir compte aujourd'hui 66 élèves toutes catholiques. Elles sont divisées en deux cours dirigés chacun par une sœur et une sous-maîtresse.

4° *Une œuvre dominicale.* — Cent trente filles se réunissent régulièrement tous les dimanches, dans un local attenant à la maison des sœurs, pour y recevoir une instruction chrétienne, y apprendre les dogmes de notre sainte religion. Elles se recrutent surtout parmi les enfants que leur position de famille a tenues éloignées des écoles et qui ont été privées des bienfaits de l'éducation première. La porte de l'œuvre n'est pas ouverte aux catholiques seulement; les jacobites y sont également admises, et plusieurs d'entre elles, grâce à ce secours, ont embrassé la foi catholique. Chaque année, les sœurs ont la consolation de préparer à la première communion un certain nombre de jeunes filles, qui étaient restées jusque-là privées de cette grâce inappréciable. Deux sœurs et une sous-maîtresse se consacrent, chaque dimanche, à cette tâche vraiment intéressante. Elles voient plusieurs de leurs élèves, en quittant l'Œuvre Dominicale, entrer dans la Congrégation des Enfants de Marie, également dirigée par les sœurs.

5° *Une salle d'asile.* — Une sœur, aidée de deux sous-maîtresses, dirige la salle d'asile qui compte 201 enfants inscrits et 171 présents, parmi lesquels il y a 66 garçons et 105 filles. Les exercices aux gradins, la lecture aux tableaux, le calcul au moyen du boulier-compteur s'y pratiquent comme dans les salles d'asile de France. Chaque groupe a son moniteur ou sa monitrice qui est chargé d'instruire ses condisciples. Ici comme ailleurs, l'enfance a un charme irrésistible. Quand cette petite armée fonctionne avec l'ordre, la régularité, la précision que sait lui imprimer la patience éprouvée des bonnes sœurs, on ne saurait échapper à un sentiment d'admiration et d'étonnement. Après avoir passé à l'asile trois ou quatre ans, ces enfants sont admis dans les classes proprement dites. Ils y arrivent avec des habitudes d'ordre et de propreté, déjà formés aux premiers principes de la lecture, sachant les éléments de la doctrine chrétienne et la conjugaison des verbes. Le bien produit par une œuvre pareille est inappréciable. Ces enfants, au lieu de passer inutilement les premières années de leur vie, ou de courir les rues, exposés à de mauvaises compagnies, sont recueillis à l'asile, protégés contre les premiers dangers de leur âge et, en même temps, préparés et disposés à recevoir la forme chrétienne que l'école leur donnera. Les mères de famille apprécient hautement les bienfaits de la salle d'asile. Le nombre des enfants y serait encore plus grand si le local dont nous disposons permettait d'en admettre davantage. A chaque rentrée, nous sommes obligés de refuser des demandes nombreuses, faute de place suffisante.

6° *L'hospice Lejeune.* — Dans les premières années du règne de Napoléon III, le baron Lejeune fut chargé par l'Empereur de porter des décorations à la cour du Shah de Perse. Dans ce voyage aussi long que difficile, le baron contracta une maladie qui devait le conduire au tombeau, quelques années après son retour en France. Sa mère, femme aussi pieuse que charitable, frappée par le malheur qui venait de l'atteindre, conçut le dessein de créer en Orient une œuvre hospitalière, en faveur des voyageurs qui, comme le fils qu'elle avait perdu, pourraient se trouver dépourvus des soins les plus indispensables dans leurs pérégrinations à travers l'Orient. Elle choisit Mossoul pour réaliser son pieux dessein, et, à son lit de mort en 1874, elle légua à la Mission une somme importante avec laquelle nous avons bâti l'hospice actuel.

Cinq jours par semaine, des malades, de toute condition et de toute religion, reçoivent des consultations, des soins et des remèdes gratuits. Le nombre de ces infortunés, qui viennent demander un soulagement à leurs souffrances, dépasse, chaque année, le chiffre de 30,000. Dans cet établissement, nous avons réservé une salle destinée spécialement à recevoir les voyageurs français indigents et malades.

A l'occasion des consultations, nous avons le bonheur d'administrer, chaque année, le saint baptême à un certain nombre d'enfants infidèles qui, régénérés par l'onde sainte, vont célébrer au ciel les louanges du Seigneur et prier pour ceux dont la charité leur a procuré un pareil bienfait. Les effets de cette prière ne peuvent manquer de rejaillir sur la pieuse et défunte fondatrice de l'œuvre et sur ceux qu'elle a laissés ici-bas.

Le personnel de l'hospice se compose de deux sœurs, deux aides ou surveillantes et une femme de service. Les dépenses s'élèvent annuellement à 2,000 francs.

Telles sont, les œuvres principales qui se rattachent à la mission de Mossoul et dont les unes sont dirigées par les Pères Dominicains et les autres par les Sœurs de la Présentation.

Si, à l'exposé qui précède, on ajoute le ministère de la prédication et de la confession, la direction de deux Tiers-Ordres Dominicains, l'un pour les hommes, l'autre pour les femmes, celle de deux congrégations, l'une au collège, l'autre à l'école des sœurs, on aura un aperçu complet des œuvres qui fonctionnent à Mossoul. Après cela, on comprendra facilement que le nombre des missionnaires assignés à Mossoul est très-inférieur à la tâche qui leur incombe et que, lorsque de nouvelles vocations surgiront dans la Province pour la Mission, elles trouveront un champ où leur zèle pourra s'exercer librement.

II

MAR-YACOUB ET AMÉDÉA

Non loin de Mossoul, à 15 heures de marche N.-O. et dans le même vilayet, se trouve notre résidence de Mar-Yacoub. Elle fut fondée, en 1842, par le T. R. P. Marchi, dans le petit village chaldéen qui lui a donné son nom. Ce village n'a par lui-même que très peu d'importance, et ce n'est assurément pas le nombre de ses habitants qui lui a mérité le choix des Missionnaires. Mais d'autres avantages plaidaient en sa faveur. Son rapprochement de Mossoul, son site pittoresque, son climat salubre et le charme de sa solitude le désignaient assez naturellement comme un lieu de repos, où les ouvriers évangéliques, fatigués de leurs rudes labeurs, pourraient aller retremper des forces qui trahissent parfois leur courage. D'un autre côté, Mar-Yacoub est dans le Kurdistan. La montagne qui l'abrite, et sur les flancs de laquelle il est si gracieusement assis, n'est que le premier contrefort de ces chaînes abruptes, au centre desquelles tout un peuple égaré attend la vraie lumière : je veux parler des Nestoriens. Le but principal de la fondation de Mar-Yacoub fut leur évangélisation, et c'est aussi à cette œuvre toute apostolique que le religieux actuellement assigné à ce poste consacre presque toute sa vie, sans toutefois négliger les villages chaldéens d'alentour où il entretient plusieurs écoles.

Voici sur ces populations, dont l'Église nous a confié l'évangélisation, quelques détails qui, malgré leur brièveté, donneront cependant une idée de l'œuvre, de ses difficultés, de ses besoins et de ses espérances.

Dans le vilayet de Hekkari, dans cette région du Kurdistan turc, comprise entre la vallée du Zab et la frontière persane, se trouvent réunis la plus grande partie des Nestoriens, au nombre de 40 à 50,000. Le pays est formé par un amas de montagnes sauvages, arides, presque inaccessibles, dont les plus hauts sommets sont couverts de neiges perpétuelles. Les habitants sont fixés dans des vallées étroites et profondes, ou bien sur le flanc des montagnes, le long des cours d'eau produits par la fonte des neiges. Ils forment, en ces lieux déshérités par la nature, un petit peuple presque indépendant, divisé en six tribus, vivant sous un régime théocratique, avec le Patriarche pour chef suprême, les évêques pour seigneurs et juges, les méliks ou chefs de tribus ou de portions de tribus comme chefs civils, chargés de prélever les redevances établies, de lever des troupes en cas de guerre et de les conduire au combat. Les actes des premiers synodes de la nation forment le fond des lois qui régissent ce peuple, en y ajoutant des coutumes traditionnelles. Il y a donc là une véritable organisation politique qui ne manque pas de grandeur.

Au point de vue religieux, ces contrées ont eu, aux premiers siècles de l'Église, un passé qui n'est pas sans gloire. Ces grottes creusées dans le rocher, que l'on rencontre presque à chaque pas, abritaient autrefois de nombreuses communautés de moines. D'illustres solitaires, de saints évêques y ont vécu, et la liturgie chaldéenne garde précieusement leur souvenir. — Au quatrième siècle, lorsque

Sapor, roi de Perse, excita contre les chrétiens de son empire une persécution sanglante, beaucoup de fidèles cherchèrent un abri dans les montagnes de Hekkari, protégées par la difficulté de leur accès.

Un siècle plus tard, le moine grec Nestorius divisait l'Église du Christ dont il voulait diviser la personne, et devenait le père de l'hérésie qui porte son nom. La nouvelle doctrine qu'il prêchait n'eut pas de plus ardent apôtre qu'un évêque de Nisibe, appelé Bar-Suma. Ce farouche sectaire parcourait le pays à la tête d'une armée nombreuse, ne laissant aux catholiques que la terrible alternative d'apostasier ou de mourir. Alors encore les montagnes de Hekkari devinrent l'asile d'un grand nombre de fugitifs, désireux de sauver leur foi avec leur vie. Mais, à la longue, ces chrétientés, désorganisées par la persécution, et sollicitées sans cesse par les partisans de l'hérésie, finirent par se laisser entraîner au courant de l'erreur, et abandonnèrent le catholicisme qui disparut pour de longs siècles de ces malheureuses contrées. Il arriva même, par un triste retour des choses humaines, qu'elles devinrent le dernier refuge du nestorianisme aux abois. En effet, quand, déchus de la faveur dont ils avaient joui auprès des rois de Perse, puis auprès des Califes de Bagdad, les Nestoriens se trouvèrent eux-mêmes en butte à la haine de l'islamisme, ils durent, à leur tour, pour éviter la mort, chercher leur salut dans la fuite. Leurs Patriarches, après avoir quitté Bagdad, transférèrent successivement leur siège en divers lieux : et ne se trouvant en sûreté nulle part, ils finirent par le transporter au cœur même des pays sauvages de Hekkari. Ils trouvèrent là un ravin profond, couronné de rochers abrupts, dans lequel ils fixèrent leur séjour. Le petit village de Kotchanès se bâtit autour de la résidence patriarcale, et devint la Métropole de la nation nestorienne.

Telle est l'histoire du passé religieux de ce pays. Mais je

voudrais surtout donner un aperçu de son état présent, sans toutefois sortir des bornes que la discrétion m'impose.

Les Nestoriens d'aujourd'hui, tombés dans la plus profonde ignorance, connaissent à peine la nature de l'hérésie qu'ils professent. Le point dogmatique par lequel ils croient différer essentiellement et uniquement des catholiques est dans la dénomination de Mère du Christ qu'ils maintiennent à la sainte Vierge, tandis que ces derniers l'appellent Mère de Dieu. Cependant, quand on leur explique le sens de l'expression catholique, ils conviennent de sa justesse. Aussi peut-on assurer que l'attachement aux dogmes nestoriens ne forme plus aujourd'hui un obstacle sérieux au retour de la nation à la foi orthodoxe.

Si l'ignorance religieuse des populations nestoriennes se bornait au seul point des doctrines hérétiques, il n'y aurait pas lieu de s'en affliger grandement; mais malheureusement elle s'étend aussi à tous les dogmes de la foi, et elle n'a pas peu contribué à faire tomber la religion dans la profonde décadence qu'il est douloureux de constater. A la faveur de cette ignorance, une foule de superstitions et d'erreurs se sont introduites parmi eux, en particulier presque toutes les erreurs des Grecs, dont on sent dans leurs livres la funeste influence, une erreur sur le purgatoire et le jugement particulier qu'ils n'admettent pas. Après la mort, disent-ils, les âmes voltigent sur les tombeaux, en attendant le jugement général qui fixera leur sort. Aussi il n'est pas rare de les voir offrir dans les cimetières des sacrifices d'encens, prétendant que les âmes des défunts en éprouvent du bien-être. Enfin, comme les iconoclastes, ils ont proscrit le culte des images. D'ailleurs, la nudité est le moindre défaut de leurs églises où l'on a de la peine à comprendre qu'un Dieu daigne habiter, tant elles sont peu convenables pour un hôte si grand.

Le couvent de Mar-Yaccoub. — Procession du Rosaire.

Ces quelques détails suffiront pour faire comprendre, au moins d'une manière générale, le terrain que le religieux en résidence à Mar-Yacoub a reçu plus spécialement mission de défricher. L'œuvre ne manque ni de grandeur, ni de difficultés, ni même de périls; elle demande un zèle ardent, toujours prêt à se dévouer, en même temps qu'une patience assez solidement trempée pour ne se rebuter jamais devant les nombreux obstacles que le catholicisme doit vaincre.

Pour se rendre un compte exact de la nature de ces obstacles, il faudrait bien connaître et le caractère et l'état moral de ces peuples, et les dispositions de leurs chefs religieux, et l'active concurrence de la propagande protestante.

L'apostolat catholique qui demande avant tout la droiture d'âme chez ses prosélytes et rejette des conversions uniquement inspirées par l'intérêt matériel, n'a rien à gagner, on le comprend, à l'abaissement toujours croissant des caractères et de la morale. Les protestants, au contraire, y ont trouvé un élément de succès. Flattant habilement les passions, utilisant à leur profit les haines invétérées qui divisent ces peuples en différents partis, ils ont par là opéré des conquêtes qu'on n'est pas tenté de leur envier. D'ailleurs il faut convenir qu'en dehors de ces moyens peu louables, ils ont encore sur nous, au point de vue humain, des avantages considérables. Grâce aux ressources pécuniaires qui ne leur font jamais défaut, ils sont toujours en mesure d'étendre leurs moyens d'action, d'entretenir des prédicants, de créer des écoles et des dispensaires, de répandre avec profusion les livres et les feuilles périodiques sortis de leurs presses et infectés du venin de leurs erreurs. Ce que je viens de dire convient plus spécialement à la secte des méthodistes américains établis à Ourmia, en Perse, et rayonnant de là sur tous les pays nestoriens. Toutefois, malgré des moyens si puissants, ils n'ont pas encore réussi à pénétrer profondément dans la nation nestorienne. Pourquoi ? c'est le secret de Dieu ; mais il est permis de penser que leurs négations tendant à détruire des croyances qui ont fait jusqu'ici toute la vie de ces peuples, que la froideur de leur culte si formellement opposée à la nature expansive des Orientaux, et la mauvaise réputation des prosélytes qu'ils ont faits, n'ont pas peu contribué à entraver le progrès de leurs doctrines.

Une autre secte, venue récemment d'Angleterre, se présente, semble-t-il, avec plus de chances de succès. Ce sont des anglicans envoyés par l'archevêque de Cantorbéry. Comme les méthodistes, ils ont dû transporter en Perse leur centre de Mission, parce que le gouvernement turc leur a refusé les autorisations nécessaires pour s'établir sur le territoire ottoman. Deux fois déjà, l'Angleterre avait essayé d'implanter là ses agents ; car on peut bien appeler de ce nom des hommes ouvertement venus dans le but politique de contrebalancer l'influence de la Russie, afin de mettre un terme aux envahissements d'une puissance rivale de la leur. Mais deux fois l'entreprise échoua, après avoir donné les plus belles espérances. Cependant ce double échec ne découragea pas la tenace Angleterre, et il y a deux ans, de nouveaux missionnaires sont venus, envoyés encore par l'archevêque anglican de Cantorbéry, et recommandés par lui au patriarche dans les termes les plus flatteurs. Porteurs de belles promesses, affectant de se montrer amis du culte et des observances religieuses, venus, disaient-ils, pour créer des écoles et non pour changer la religion, ils ont trouvé au sein de la nation, et surtout auprès de ses chefs, des sympathies intéressées à la faveur desquelles ils ont pu se croire assez maîtres du pays pour en faire chasser le missionnaire catholique. L'un de nos missionnaires, le R. P. Bonvoisin, faisant au cours de l'année dernière sa tournée ordinaire et toute pacifique au centre de ces montagnes, a failli devenir la victime des mesures violentes prises contre lui par un mélik à l'instigation des ministres anglicans.

Faut-il croire, après cela, la cause de l'anglicanisme gagnée et celle du catholicisme perdue? Non seulement je ne le pense pas, mais je crois même qu'il y a lieu d'espérer tout le contraire. Plusieurs indices nous autorisent à penser que Dieu a permis cet échec d'une cause qui est la sienne pour montrer le protestantisme sous son vrai jour, et susciter au catholicisme des sympathies plus nombreuses et plus nettement avouées. Nous espérons donc continuer, comme par le passé, un apostolat auquel nous attache, en même temps que le bien des âmes, un autre lien qui nous est cher comme une tradition de famille.

Il y a près d'un siècle et demi que les religieux de Saint-Dominique travaillent et souffrent dans cette contrée. Pendant longtemps ils durent se déguiser et se faire passer comme médecins, s'attachant même à la personne des pachas ou des beys kurdes pour avoir la liberté d'exercer leur ministère auprès des chrétiens. Plusieurs payèrent leur zèle de leur vie et moururent victimes du fanatisme musulman. D'autres ont laissé une grande réputation de science et de sainteté. Il y a quarante-cinq ans, le T. R. P. Marchi était l'apôtre de ce pays, où son nom est resté en bénédiction. Après lui, vint le T. R. P. Vincent Lemée, mort en 1875. Pour être plus à portée des pays nestoriens, le P. Lemée fonda, en 1862, à l'entrée de leurs vallées, dans la petite ville d'Amédéa, située à trente-cinq heures au nord de Mossoul, une résidence de Missionnaires destinée à être occupée spécialement par un Père consacré aux Missions nestoriennes. Le petit nombre de sujets dont la Mission dispose ne nous a pas encore permis de réaliser sur ce point les intentions du fondateur, et la maison qu'il a construite, fermée pendant une grande partie de l'année, sert seulement de pied-à-terre au père de Mar-Yacoub dans ses voyages apostoliques.

Le P. Lemée s'était acquis une très grande influence dans tout le pays : on l'appelait le Pacha de la Montagne.

Grâce à l'appui du gouvernement français, il fut à même de rendre beaucoup de services aux chrétiens et aux musulmans, ce qui mit son nom et celui de la Mission en grand honneur. Il fut chargé de porter à Mar-Chimoun, Patriarche des nestoriens, au nom de Sa Sainteté Pie IX, l'invitation d'assister au Concile du Vatican. Le long de sa route, précédé par sa renommée, il reçut partout l'accueil le plus bienveillant. On lui remit même des adresses couvertes de noms de personnes qui voulaient embrasser le catholicisme. Le Patriarche nestorien le reçut avec réserve et déclina l'invitation du Souverain Pontife. A peine le P. Lemée fut-il parti qu'il employa tous les moyens d'intimidation en son pouvoir pour arrêter ce mouvement catholique dont il n'avait personnellement rien à espérer, et il y réussit. Un mot échappé de ses lèvres, et recueilli par des témoins non suspects, fait bien connaître le motif principal qui éloigne du catholicisme et rapproche des protestants tout l'épiscopat nestorien. Traversant un jour l'un de ses villages, Mar-Chimoun entendit faire l'éloge de l'école que nous y avions établie, et il voulut la visiter. L'ordre qu'il y trouva, la bonne tenue et la science des enfants le frappèrent, et il en exprima hautement son admiration. Puis il ajouta en se retirant : « Ah ! les catholiques, on voit bien qu'ils ont la vérité pour eux ! Nous avons voulu nous unir à eux autrefois, mais il y a une question qui nous séparera toujours, celle de l'hérédité, » faisant allusion par là au privilège plusieurs fois séculaire qui maintient l'hérédité épiscopale et patriarcale dans certaines familles.

Chez tous les hérétiques, l'apostolat n'opère que lentement et au milieu de grandes difficultés. Il en est ainsi parmi les nestoriens. Cependant, en jetant les regards sur les travaux de nos Pères, nous voyons qu'ils ont eu pour effet de rétrécir notablement le rayon du nestorianisme. En effet, c'est par le concours de leur zèle que le dernier des Patriarches nestoriens d'Alcoche, Mar-Elia, s'est converti vers 1750, et après lui, les villages nestoriens de la plaine de Mossoul, puis ceux des districts de Zakho et de Djéziré dans le Bohtan, ceux de la Sapna autour d'Amédéa, du Mizouri et du Zébar. Le clergé chaldéen catholique a eu aussi sa part dans ces conversions, et particulièrement les moines de Raban Hormez ; mais ce sont toujours les missionnaires qui les ont préparées par leurs courses apostoliques, leurs bienfaits, leur dévouement qui attirent à eux et à leur religion ces peuples égarés. Aujourd'hui que le clergé chaldéen est mieux organisé, et pourvu de sujets plus nombreux, le rôle des missionnaires est encore celui d'avant-garde du catholicisme et de sentinelles avancées. Leur prestige d'étrangers, et surtout la grâce qui les accompagne, leur attirent le respect de ces peuples et leur donnent sur eux une action que n'aurait pas, en général, le clergé indigène.

La résidence de Mar-Yacoub entretient trois écoles dans le diocèse de Zakho, et trois dans celui d'Amédéa. Elle possède un dispensaire de pharmacie pour les habitants de la contrée : 3,200 personnes environ y reçoivent annuellement des consultations et des remèdes gratuits.

III

VAN

Mossoul, la plaine de Mossoul et les pays nestoriens, tel fut jusqu'à ces derniers temps le théâtre déjà très vaste de l'apostolat Dominicain dans ces contrées. Cependant, pour répondre aux instances de la Sacrée Congrégation de la Propagande, nous l'avons agrandi dans ces dernières années du côté de l'Arménie, avec la ferme confiance que la Providence divine ne nous imposerait pas de nouvelles charges et de nouveaux travaux sans nous envoyer, en temps opportun, les ressources et les ouvriers nécessaires. Trois nouvelles résidences ont été fondées depuis sept ans, à Van, à Seert et à Djéziré.

La première, par ordre de date, est celle de Van. Au printemps de 1881, deux de nos Pères, le T. R. P. Rhétoré et le R. P. Duplan partaient de Mossoul pour explorer les vastes provinces que le Saint-Siège manifestait le désir de nous confier, reconnaître la nature du pays, l'état moral et religieux des habitants, apprécier leurs besoins, et désigner au choix des supérieurs les postes les plus convenables aux fondations projetées. Partout accueillis sur leur passage avec la plus grande bienveillance, ils arrivaient à Van au mois de juin 1881 et y fixaient leur tente. Cette ville, en effet, tant par son importance propre que par l'influence qu'elle exerce sur toute la contrée, paraissait un centre propice pour l'évangélisation de la nation arménienne. Outre que, sur les trente mille habitants qu'elle renferme, les deux tiers sont chrétiens, c'est encore d'elle que part, en grande partie, le mouvement régénérateur qui travaille la jeune Arménie. Or ce mouvement vers la lumière demandait précisément à être dirigé sous peine de s'égarer dans les voies de l'erreur et de n'aboutir qu'à de nouvelles ténèbres. Il y avait lieu d'espérer qu'en nous établissant à Van, en arborant au centre même de l'Arménie, le drapeau de la foi catholique, nous pourrions tout d'abord contrebalancer les influences mauvaises, puis ramener à Dieu et rallier au catholicisme ces pauvres brebis égarées dont l'Église seule est en mesure de satisfaire les aspirations vers la lumière, la civilisation et la paix. Mais si le succès avait répondu dès le principe à ces belles espérances, nous aurions pu trop perdre de vue que le chrétien, et surtout le missionnaire, pour arriver à quelque chose de grand, doit nécessairement commencer par planter la croix de Jésus-Christ au centre de son propre cœur. Aussi Dieu a-t-il voulu que ce nouvel établissement, destiné sans doute à porter dans l'avenir des fruits abondants de salut et de bénédiction, fût fondé sur la croix. Nos missionnaires sont là depuis sept ans, et depuis sept ans ils sont en butte à des difficultés continuelles qui ne leur ont encore permis d'entreprendre aucune œuvre solide. Surveillés dans toutes leurs démarches, entravés dans toutes leurs entreprises, séquestrés pour ainsi dire dans leur maison, sans pouvoir presque en sortir, soumis jusque dans ce dernier asile à des perquisitions et à des vexations odieuses, les Pères ont enfin eu leurs noms inscrits sur des listes de proscription, et il n'a pas moins fallu qu'une intervention toute particulière de la Providence pour leur épargner ce malheur. Aujourd'hui encore, ils ne peuvent guère faire autre chose que prier et attendre. L'horizon cependant paraît maintenant moins sombre, beaucoup de préventions sont tombées et le moment n'est peut-être pas éloigné où ils recueilleront dans l'allégresse ce qu'ils ont semé dans les larmes. Daignent l'illustre P. Barthélemy de Bologne et tous ceux de nos frères qui ont autrefois arrosé de leurs sueurs et de leur sang cette terre d'Arménie, rendre leurs successeurs héritiers de leur esprit et obtenir de Dieu des grâces de conversion pour cette nation arménienne.

Van est situé sur le bord du grand lac qui porte le même nom. Tout en faisant la part de l'exagération dans le vieux dicton populaire : « Voir Van et mourir ! » il faut convenir pourtant que sa position ne manque pas de charmes. Ses rues bien alignées et ses vastes jardins lui donnent un peu l'aspect de certaines villes de France. Le costume tout européen d'un grand nombre de ses habitants contribue à entretenir l'illusion, ainsi que le climat lui-même. On parle dans la ville même le turc et l'arménien, et dans les villages l'arménien et le kurde.

Outre la ville de Van, il y a encore dans notre mission d'Arménie quelques centres importants qu'il est bon de mentionner pour donner du pays une idée plus complète. Nommons d'abord la ville de Bitlis, chef-lieu de vilayet, située entre Van et Seert, à deux jours de l'une et quatre de l'autre. « Comment vous peindre Bitlis, écrivait de cette ville le T. R. P. Rhétoré, en 1881 ? C'est un petit paradis terrestre encadré dans les montagnes. La ville n'est à proprement parler qu'un vaste jardin au milieu duquel sont disposées les habitations. Elle est bâtie en amphithéâtre sur le flanc des montagnes, au bord de quatre courants d'eau qui vont se rejoindre au sud de la ville pour former la grande rivière qui a pris son nom. Bitlis compte 30,000 habitants, et sur ce nombre la population chrétienne figure pour

3,400 âmes. Les protestants y sont solidement établis. Ils y ont une église et une école au milieu d'un grand jardin et sur un très bel emplacement. Leur communauté comprend cent familles toutes sorties des Arméniens. En dehors de la ville, ils sont répandus dans presque tous les villages arméniens de la contrée. Leur argent les a admirablement servis, surtout dans ces dernières années de cherté, et on dit généralement que si personne ne vient s'opposer à leurs progrès, tous les pays chrétiens seront protestants avant quarante ans.

La communauté catholique est la plus délaissée de toutes les communautés chrétiennes de l'endroit. Il y a quelques années, ils comptaient trente familles ; aujourd'hui ils sont réduits à soixante personnes.

Le vilayet de Bitlis compte environ 30,000 chrétiens. Le district voisin de Mouch n'en compte pas moins de 80.000. C'est là que se trouve le groupe catholique le plus important de notre mission d'Arménie. Un diocèse y a été érigé depuis quelques années.

En somme, dans toute cette partie de l'Arménie, la population catholique s'élève à peine de 3 à 4.000 âmes, tandis que la population chrétienne des trois provinces de Van, Bitlis et Mouch s'élève au moins à 300,000. Les mêmes provinces comprennent, en outre, une population musulmane aussi nombreuse que la précédente et quelques milliers de Juifs et de Yézidis.

Mac Yaccoub. — Le tombeau du P. Besson.

IV

SEERT

Par la distance considérable qui la sépare de Mossoul, la nouvelle résidence de Van se trouvait isolée du reste de la Mission et soustraite en partie à l'administration des Supérieurs. Cet inconvénient grave ne nous avait pas échappé, dès le commencement, et s'il ne nous empêcha pas d'accepter le poste de Van, c'est que nous avions l'intention de fonder, sur le parcours intermédiaire, d'autres missions qui sauvegarderaient l'union, en maintenant la facilité des rapports.

La fondation de Seert, au mois de juin 1882, fut un premier acheminement vers l'exécution de ce plan.

Seert se trouve à peu près à mi-chemin entre Mossoul et Van : huit jours de marche environ la séparent de l'une et de l'autre. Sa situation est des plus agréables : elle occupe un plateau assez élevé, où le froid et la chaleur sont cependant tempérés et le climat très sain. Aussi les vieillards de quatre-vingts à quatre-vingt-dix ans n'y sont pas rares et l'aspect sanitaire de la population est en général très prospère. Les habitants sont d'un bon naturel, simples de mœurs et vivent généralement de leur travail. La population totale est de 15,000 âmes. Les chrétiens sont au nombre de 3,700 environ: 1,000 Chaldéens catholiques, 3,000 Arméniens schismatiques et 400 jacobites. Il faut y ajouter quelques familles catholiques des rites arménien et syrien, comprenant une centaine de personnes et près de 200 protestants méthodistes.

Seert est le siège d'un évêché chaldéen qui a sous sa juridiction, outre les Chaldéens de la ville même, 33 villages formant une population de 3,900 âmes environ. Sur le territoire de ce diocèse, il reste encore un certain nombre de nestoriens, dans le pays qu'on nomme le Bohtan. Une centaine de familles ont embrassé le catholicisme, il y a une dizaine d'années; il en reste encore à peu près autant, répandues dans une dizaine de villages. Sans chefs, sans prêtres, sans écoles, vivant dans l'ignorance et la grossièreté, on peut dire en toute vérité qu'ils n'ont de chrétien que le nom.

Les jacobites comptent aussi, aux environs de Seert, 25 villages dont la population est d'environ 4,000 âmes. Ce sont, de tous les peuples de ce pays, ceux qui sont tombés le plus bas; leur ignorance est extrême, et leur religion n'est plus qu'un ramassis de superstitions.

L'esprit de nationalité est le seul lien qui les retienne. Les protestants ont compris qu'il y avait là une proie facile à saisir; aussi est-ce surtout parmi les jacobites qu'ils ont recruté leurs adeptes en ouvrant des écoles gratuites et en leur octroyant la protection, sinon officielle, au moins officieuse et toujours efficace de l'Angleterre.

Les Arméniens schismatiques, bien que moins déchus et mieux organisés que les jacobites, ont cependant aussi le plus grand besoin d'instruction et de direction religieuses; le dernier recensement porte le chiffre de leur population pour tout le pays de Seert à 6,000 familles, soit 30,000 âmes environ. Ils sont surtout groupés au nord de la ville, et ils possèdent des villages populeux. Comme ils se trouvent plus éloignés des centres, des supérieurs, et par suite des influences schismatiques, il semble que l'apostolat catholique doive trouver parmi eux une terre moins ingrate, et je crois que si nous pouvions nous présenter à eux dans des conditions plus avantageuses, c'est-à-dire avec les ressources d'hommes et d'argent suffisantes pour leur créer des écoles, les visiter, les instruire et les protéger, nous obtiendrions dans leur nation des résultats très consolants.

Outre les chrétiens dont je viens de parler, le pays de Seert renferme encore des yézidis et des musulmans.

Les yésidis, ou adorateurs du diable, sont en grand nombre dans le gouvernement de Seert; ils habitent surtout au sud, le long du Tigre. Ce peuple est là, comme partout ailleurs, corrompu, grossier et ignorant. Les yézidis se font rarement chrétiens ; cependant ils ne sont pas hostiles au christianisme, ils professent à l'endroit des chrétiens certains sentiments de fraternité et sont moins fanatiques qu'ailleurs. Le nombre des villages où ils habitent s'élève à trente-deux.

Les musulmans, dans le pays de Seert, forment la majorité de la population. Ils sont en général de race kurde, et, par conséquent, ignorants et grossiers. Ils méprisent les chrétiens et les molestent autant qu'ils peuvent. Ils ont conservé pour leur religion et ses pratiques un attachement que l'on ne trouve plus dans plusieurs contrées de l'empire.

Cet attachement entretient chez eux l'esprit sectaire et l'éloignement pour tout ce qui n'est pas de leur religion.

Il n'y a guère de pays où les races soient plus mélangées que dans celui-ci. La plupart des localités sont habitées par plusieurs nations à la fois. Seert en est le premier exemple : musulmans, arméniens, chaldéens, jacobites, protestants, y vivent les uns à côté des autres sans se confondre ni se fusionner.

La langue kurde est, en général, celle des villages musulmans, jacobites, arméniens et yézidis. Les arméniens et les Chaldéens parlent aussi leur langue nationale. Mais l'arabe est assez connu pour qu'un missionnaire sachant cette langue puisse se faire comprendre à peu près partout, au moins par les hommes.

Depuis leur installation à Seert, les Pères ont ouvert deux écoles dans la ville même. L'une est française et comprend 60 élèves, dont 45 Chaldéens et les 15 autres Arméniens, jacobites ou musulmans; l'autre est chaldéenne pour les enfants plus jeunes de la communauté appartenant à ce rite. Ils entretiennent également quatre écoles dans les villages. Un dispensaire de pharmacie est établi dans leur maison, et 6,300 personnes environ y reçoivent annuellement des consultations et des remèdes gratuits.

Il est écrit que les tribulations seront ici-bas le partage des apôtres. Nos missionnaires de Seert ne devaient pas être une exception à la loi générale. A peine étaient-ils installés depuis quelques mois dans leur nouvelle demeure, qu'ils la virent un jour envahie par une troupe de gendarmes les sommant de comparaître devant le tribunal criminel. Malgré toutes les protestations, il fallut laisser mettre les scellés sur les chambres et aller soi-même prendre place à la barre des accusés. La jalousie et la haine s'étaient conjurées dès le début pour ruiner l'influence de ces nouveaux venus en leur infligeant un affront public.

Mais par la grâce de Dieu et le secours de l'ambassade française, ces projets furent déjoués et tournèrent à la honte de leurs perfides auteurs. Puissions-nous en être vengés par de nombreuses et solides conversions !

V

DJÉZIRÉ ET MÉDÉAT

Deux ans après avoir fondé la résidence de Seert, nous fondions celle de Djéziré, c'est-à-dire en 1884. Djéziré est une petite ville de 4,000 âmes, appartenant au vilayet de Diarbékir, et située sur la rive droite du Tigre, à trente-cinq heures nord-ouest de Mossoul. Elle partage à peu près par moitié la distance qui sépare les deux maisons de Seert et de Mossoul. Ce fut l'une des raisons qui nous déterminèrent à cette fondation.

Dans la ville et aux environs, se trouvent deux communautés catholiques, les Chaldéens et les Syriens, et une communauté schismatique, celle des Jacobites. Les Chaldéens comptent 250 âmes à Djéziré et 3,200 dans les villages environnants. Cette communauté forme le diocèse chaldéen de Djéziré, sur le territoire duquel se trouve une population nestorienne d'environ 500 âmes.

Les Syriens comptent 120 âmes à Djéziré et 300 récemment converties dans les villages sous la juridiction d'un vicaire patriarcal.

Les jacobites sont au nombre de 200 à Djéziré et de

3,000 dans les villages. Enfin les protestants méthodistes ont gagné à leur secte 150 individus d'origine jacobite et nestorienne.

Les chrétiens de Djéziré et des quelques villages voisins parlent l'arabe, les Chaldéens et les nestoriens parlent en général le chaldéen vulgaire. Les musulmans de la ville et des villages parlent le kurde. Le climat de cette partie de notre mission est sain en général, le degré de chaleur y est pourtant au-dessus de la moyenne. A Djéziré en particulier, la chaleur est intense en été, et les fièvres intermittentes assez fréquentes en automne.

La mission entretient à Djéziré une école chaldéenne et une école syrienne, et dans les villages cinq écoles chaldéennes et deux syriennes, dont une de filles. Un dispensaire de pharmacie distribue annuellement à plus de 2,800 malades des consultations et des remèdes gratuits.

Toutefois, le but particulier de cette fondation et l'œuvre principale du missionnaire qui y réside, est l'évangélisation des jacobites du Djebel-Tour.

Le Djebel-Tour ou Taurus est un plateau montagneux d'une trentaine de lieues de circonférence, situé sur la rive droite du Tigre, entre Djéziré et Mardin. Jusqu'à ces derniers temps il appartenait à la mission des R. P. Capucins de Mardin. L'année dernière, conformément aux désirs de la Propagande, je pris l'initiative d'une démarche auprès du T. R. P. Préfet de cette mission, en vue d'obtenir qu'il me fût permis d'évangéliser cette contrée, démarche qui, grâce à l'entente cordiale et fraternelle toujours facile entre les enfants de saint François et de saint Dominique, fut couronnée d'un plein succès.

Voici quelques détails sur ce nouveau théâtre qui vient de s'ouvrir à notre apostolat.

L'hérésie jacobite ou eutychienne fut apportée au sein de ces montagnes dès le cinquième siècle par un des premiers disciples de l'hérésiarque Eutychès. C'est là, en effet, que s'établit et dogmatisa pendant une partie de sa vie, le fameux archimandrite Barsome ou Barsumas, le propagateur le plus ardent du jacobitisme, le grand thaumaturge dont les miracles se résument dans l'assassinat de saint Flavien, patriarche catholique de Constantinople, et dans la guerre acharnée qu'il fit avec ses bandes de moines armés au catholicisme et aux catholiques d'un bout à l'autre de la Syrie et, principalement dans le pays dont nous nous occupons. Le souvenir de ce personnage est resté vivant parmi les populations du Djébel-Tour. On montre encore sur un rocher le couvent qui lui servait de forteresse, et qui était comme le centre de ses opérations dans la contrée. Ce qui est certain, c'est que, par le fait de ce personnage, le pays est devenu entièrement hérétique. Tous les villages restés chrétiens sont encore, à l'heure actuelle, jacobites en masse, comme au cinquième siècle, malgré les commencements de conversion dont nous allons parler.

Le Djébel-Tour comprend environ cinquante villages jacobites, formant un total de 6,000 maisons approximativement, c'est-à-dire 30,000 âmes.

Le centre religieux et politique de cette contrée est Médéat, petite ville à dix-huit heures au nord-ouest de Djéziré et à égale distance nord-est de Mardin. Cette localité, entièrement chrétienne, comprend à elle seule près de 1,400 familles ou 7,000 habitants. Vingt familles seulement sont catholiques. Dans le reste de Djébel-Tour, le catholicisme compte en tout environ quatre-vingts familles, réparties dans cinq villages. Cinq prêtres sont attachés à l'administration spirituelle de ces catholiques.

Médéat possède une petite église attachée à la résidence des prêtres syriens ; les autres localités, à part une seule, n'ont rien qui ressemble de près ou de loin à une église. Les prêtres célèbrent la messe dans la chambre qui leur sert de logement. Une seule école catholique existe dans le Djébel-Tour, elle est établie à Médéat. Un maître modiquement rétribué enseigne à une quarantaine d'enfants quelques notions de catéchisme et quelques principes de lecture en langue arabe, syriaque et turque. Cette école, quoique un peu supérieure aux autres écoles de village, est cependant insuffisante, eu égard à l'importance du pays.

Trois causes principales entravent en ce moment les progrès du catholicisme dans le Djébel-Tour : le manque de prêtres, d'églises et d'écoles. C'est ce qui a nui au succès de plusieurs prêtres zélés, ce qui compromet les conversions déjà faites et empêche même les prêtres actuels de recevoir les propositions de conversion qui leur viennent de certains villages. Le caractère des montagnards du Djébel-Tour est belliqueux, fier, indépendant. Ils n'ont pas la versatilité des jacobites de la plaine qui embrassent le catholicisme et retournent à l'hérésie pour les causes les plus futiles et sans aucune honte. Si les conversions du Djébel-Tour n'ont abouti, dans beaucoup de cas, qu'à des défections, il faut en attribuer la cause uniquement à l'abandon dans lequel ces convertis ont été laissés.

Il serait nécessaire à l'heure actuelle d'avoir un prêtre à Hapsnas et une église, ou du moins un local convenable accommodé aux besoins du culte : je dis la même chose de Baté et de Mzizak. Dans ces trois villages on n'a pas eu jusqu'à présent les ressources suffisantes pour un local spécialement consacré à la célébration des offices religieux.

Médéat seul, comme je l'ai dit, possède une école médiocre. En revanche, il ne manque pas d'écoles protestantes et ce n'est pas le moindre obstacle à la foi catholique. Les protestants américains se sont établis dans le Djébel-Tour depuis peu d'années. Le nombre de leurs adeptes est à peu près égal à celui des catholiques. On remarque que, presque partout, ils se sont établis en face de ceux-ci et dans les mêmes localités. Ces néo-protestants sont loin de pratiquer le protestantisme dans toute sa perfection. La plupart sont restés fidèles à leurs traditions jacobites, et observent leurs jeûnes comme auparavant. Les protestants paraissent se soucier peu de ces détails, pourvu que leurs disciples acceptent leur direction morale et se laissent pénétrer de leur esprit. Et de fait, leur succès, sur ce point, est incontestable ; leurs idées pénètrent réellement dans les milieux qu'ils occupent. La raison en est qu'à la différence des catholiques, partout où ils ont un commencement de communauté, ils ouvrent immédiatement une école qu'ils confient à un maître formé par eux. Ces maîtres protestants, outre la force des convictions, ont dans leur village, par les honoraires qu'ils reçoivent, une position honorable qui les grandit aux yeux de la population. Dans les centres importants comme Médéat, les protestants entretiennent plusieurs maîtres et une école spéciale pour les filles. Toutes ces écoles sont établies dans des locaux très convenables, parfois spacieux et fort bien construits ; ainsi en est-il à Médéat en particulier. Il y a vraiment de quoi s'attrister, quand on voit la différence qui existe, sur ce point, entre les catholiques et leurs adversaires.

En allant de Djéziré à Médéat, on trouve un gros village assis dans l'anse d'une plate-forme naturelle sur la croupe de l'un des mamelons qui forment la base du Djébel-Tour. C'est Azekh, dont la population toute chrétienne s'élève à plus de 400 familles. Trente seulement sont catholiques. Les premières se convertirent, il y a une vingtaine d'années, en passant du jacobitisme au protestantisme, puis du protestantisme à l'Eglise catholique. Malgré les longues persécutions qu'on leur a fait subir, malgré les pernicieux exemples de quelques-uns de leurs chefs qui, convertis en même temps qu'eux, sont ensuite retournés à leurs anciennes erreurs, et n'ont rien épargné pour entraîner dans leur apostasie les anciens compagnons de leur abjuration, les néophytes d'Azekh sont restés fermes dans leurs croyances. Ils ont même gagné dans l'épreuve une certaine indépendance fière et simple à la fois qui remplace avantageusement la timidité trop craintive des premiers jours. Au point de vue de la doctrine, ils savent répondre pertinemment aux objections de leurs frères jacobites. Au point de vue moral, plusieurs habitudes qu'ils avaient apportées avec ceux du jacobitisme, telles que celles des serments à tout propos, des paroles grossières, des procédés peu délicats en matière de justice, ont diminué sensiblement parmi eux; les âmes sont meilleures qu'autrefois. On voit que ces convertis ont compris la supériorité de leur religion et qu'ils font de sérieux efforts pour élever leur vie au niveau de leurs croyances.

Ce qui a peut-être le plus contribué à éclairer leur foi et à faire naître en eux le véritable esprit chrétien, ce sont les dévotions catholiques introduites récemment parmi eux, entre autres, le chemin de la Croix, le saint Rosaire et le mois de Marie. Accueillies par eux avec joie et pratiquées avec fidélité, ces dévotions font maintenant leur force et sont pour l'avenir un gage de leur persévérance.

Pour soutenir dans ce village les progrès de la foi et assurer l'avenir, nous y avons ouvert une école de garçons et une école de filles. Toutes deux, quoique récentes, sont déjà très prospères. Nous avons ouvert l'école de garçons, il n'y a pas encore deux ans. Aujourd'hui elle réunit plus de 40 enfants de l'âge de huit à quinze ans. L'instruction religieuse, l'enseignement de la liturgie dans la langue syriaque, l'étude de la langue arabe poussée jusqu'aux difficultés de la grammaire, quelques notions d'arithmétique, tel est le programme suivi jusqu'à présent; si simple qu'il soit, c'est encore quelque chose de supérieur pour les débuts d'une école en ces pays arriérés. Les succès obtenus en quelques mois, les progrès rapides des enfants qui sont, en général, très ouverts, frappent

En Kalek sur le Tigre.

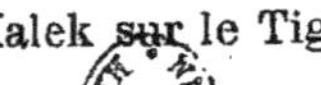

d'admiration tous les habitants du village. Un tiers de ces enfants appartient à des familles jacobites.

L'école de filles répondait à des besoins non moins pressants pour relever la femme jacobite de l'état d'abaissement où la réduit son ignorance et former des mères sérieusement chrétiennes, que pour opposer un remède à la propagation protestante qui nous avait devancés. Cette école nous a consolés par un succès aussi rapide qu'éclatant. Huit jeunes filles catholiques réunies autour d'une maîtresse et apprenant leurs prières et les premiers éléments de la lecture, c'était là toute l'école au début. Mais après quelques jours, dix nouvelles jeunes filles, toutes jacobites, venaient demander des leçons à la maîtresse catholique. C'étaient les plus grandes élèves de l'école protestante qui, à la nouvelle de l'ouverture de notre école, s'empressaient de quitter leur maîtresse pour venir recevoir chez nous un enseignement plus sûr et plus en rapport avec leur foi. La maîtresse protestante fut tellement mortifiée de cet échec, qu'elle vint bientôt après frapper elle-même à notre porte et nous supplier d'agréer ses services en nous promettant de devenir plus fidèle catholique qu'elle n'avait été fervente protestante.

A une lieue d'Azekh, dans le village d'Esfess, il y a aussi quelques catholiques au sujet desquels le Père Galland écrivait l'année dernière les lignes suivantes : « J'ai rencontré là une petite communauté de quinze familles, bien unie et faisant bonne figure dans le village. Ces pauvres gens sont sans doute encore très grossiers et peu instruits dans la religion, mais j'ai reconnu chez eux beaucoup de simplicité et d'obéissance, avec un vif désir d'être initiés aux pratiques de la religion qu'ils ignorent. »

Ces quelques détails suffiront pour vous donner une idée à peu près exacte de notre mission du Djébel-Tour. Permettez-moi cependant d'y ajouter la traduction abrégée d'une supplique que m'adressèrent les habitants de

Médéat à la suite d'un voyage que le R. P. Galland avait fait dans ces contrées.

« La sainte Eglise, disaient-ils dans leur requête, ne « cesse pas un instant d'appeler ses enfants rebelles pour « les ramener auprès d'elle, tantôt par les prédications, « tantôt par les bons conseils et les instructions évangé- « liques. D'autres fois, elle offre des sacrifices, elle mul- « tiplie les solennités et les supplications pour obtenir « que Dieu ramène ses enfants égarés.

« Dieu a pris les devants : il a inspiré à l'Église la « fondation de nombreux Ordres religieux, dont le but est « d'acquérir la vertu et de se revêtir de la force d'En-Haut « comme d'une cuirasse. Les membres de ces Ordres s'en « vont semer dans le monde entier la doctrine chrétienne, « ils ramènent au siège de Pierre, hors duquel il n'y a pas « de salut, les nations plongées dans l'obscurité et les « ténèbres de l'hérésie.

« Honneur à Dieu ! quels excellents missionnaires que « ces moines ! Ils ont répandu le salut dans le monde par « leurs exemples, leurs prédications et les conversions « innombrables qu'ils y ont opérées. Par eux, la doctrine « chrétienne s'est répandue partout sur la surface de la « terre ; partout, sauf dans notre infortuné pays jadis si « florissant par ses savants, ses écoles et ses couvents, dont « les restes encore debout aujourd'hui témoignent de ce « qu'était autrefois notre montagne que la vertu de ses « religieux avait fait surnommer la *montagne des Saints*.

« Mais, hélas ! il est venu le triste jour où l'incrédulité y « a dominé, et maintenant on n'entend plus dans ces nom- « breux couvents que le croassement des corbeaux ! Qui « donc ne sentirait son cœur se déchirer, à la vue de ces « nombreux chrétiens pour lesquels Jésus-Christ a versé « son sang et qui maintenant vivent dans les montagnes, « exerçant les uns contre les autres le meurtre et le pillage,

« sans que personne puisse leur faire abandonner cette « vie déplorable! Qui donc peut avoir un souffle de reli-« gion catholique ou d'amour du prochain et ne pas sentir « son cœur brisé, et ne pas pleurer de douleur quand il voit « des chrétiens devenir jeunes gens, puis vieillards, sans « apprendre à connaître Dieu comme il convient! Combien « et combien parmi eux meurent privés des sacrements de « l'Église; et s'il se trouve parfois quelqu'un pour les leur « administrer, bien peu d'entre eux en connaissent les avan-« tages et l'efficacité. Tout cela vient de ce qu'il n'y a pas « parmi nous d'apôtres zélés, comme le sont les religieux « de votre Ordre illustre, pour fonder des écoles et détruire « parmi eux l'incrédulité et les désordres de tout genre.

« Les protestants ont marché en avant, car ils ont bien « compris l'importance et les ressources de notre pays. Ils « sont venus et ils ont tout mis en œuvre pour gagner ces « chrétiens aveuglés.

« Et nous, Catholiques, nous qui possédons la vraie « doctrine, nous pleurons sur leurs progrès et sur notre « abaissement... et nous faisons monter jusqu'à vous « l'exposé de notre situation pour vous faire voir où nous « en sommes ainsi que tous nos frères restés dans l'in-« crédulité. Tous, d'une seule voix, nous implorons « votre générosité! Envoyez-nous des missionnaires de « votre Ordre pour arracher l'ivraie que le démon a « semée. C'est pour notre bien que vous avez quitté votre « patrie bien-aimée et que vous êtes venus dans notre « infortuné pays. Eh bien! peut-il y avoir maintenant rien « de meilleur pour nous ou de plus utile que votre venue « parmi nous? Eh! qu'y a-t-il de plus beau que l'Apos-« tolat dans notre pays sauvage, au milieu de fatigues sans « nombre et d'efforts sans relâche?

« Nous prions donc et supplions votre miséricorde de « répondre à notre demande. Faites-nous la grâce d'un « ou plusieurs religieux qui demeurent parmi nous. Par là,

« le bien déjà opéré deviendra général ; leurs bienfaits se « répandront partout et ils deviendront la source de nom « breuses conversions ; car Votre Paternité sait bien que « les hommes d'Occident, les prêtres surtout, jouissent « dans notre pays d'une influence considérable... »

Cette démarche toute spontanée des habitants du Djébel-Tour n'est point un fait isolé ni le résultat d'une impression passagère. Outre qu'elle a été concertée par les chefs des principaux villages, elle s'est produite sous le regard et avec l'appui de l'autorité religieuse elle-même, et c'est ce qui me porte à voir, dans ce touchant appel, l'expression de la volonté de Dieu. A cette supplique, en effet, étaient jointes une requête signée par les prêtres syriens du Djébel-Tour, et une lettre d'une plus haute importance encore provenant du chef spirituel de la nation syrienne. En effet S. B. Mgr Chelhot, patriarche syrien d'Antioche, le premier intéressé dans cette grave question, informé des démarches faites par les habitants de Médéat, daigna joindre ses instances aux leurs pour me prier d'accéder à leur demande.

Sur ces instances réitérées, je me décidai à faire les démarches dont j'ai parlé plus haut et qui ont abouti au résultat désiré.

Médéat fait donc partie de la Mission Dominicaine. Mais ce n'est pas tout d'avoir accepté volontairement une pareille charge, il faut maintenant répondre aux besoins de cette nouvelle mission, et ne pas tromper l'attente de ces populations qui se sont adressées à nous avec confiance. Nous avons mis la main à l'œuvre. Le P. Galland se dévoue avec un zèle qui fait l'admiration de tous à cette œuvre ardue et souvent ingrate. Ses efforts sont couronnés chaque jour par de nouveaux succès et de nouvelles conversions. Mais ces succès même lui rendent impossible l'accomplissement de son œuvre. Seul, il ne peut plus suffire aux nécessités de la situation ; il lui faut nécessairement des coopérateurs. De nouveaux ouvriers évangéliques, touchés par les supplications de ces pauvres populations, accourront sans tarder, je l'espère, pour partager les labeurs de ceux qui les ont devancés sur cette terre d'Orient.

Aux missionnaires il faut ajouter encore les secours qui deviennent de plus en plus urgents pour soulager les besoins spirituels et temporels de ces peuples désireux d'embrasser la religion catholique et qui nous conjure de lui donner : « Des prêtres ! des écoles ! des églises ! »

Nous avons la ferme confiance que la divine Providence exaucera cette demande sortie du cœur d'une nation tout entière et qu'elle suscitera des âmes généreuses pour venir à leur aide.

Tel est le vœu que nous formons en finissant.

PARIS. — IMP. V. GOUPY ET JOURDAN, RUE DE RENNES, 71.

www.ingramcontent.com/pod-product-compliance
Ingram Content Group UK Ltd.
Pitfield, Milton Keynes, MK11 3LW, UK
UKHW020347250726
13967UKWH00005B/2159